Henri-Géry HERS

# LETTRE À [illegible] JMEUR

## Le dossier de la cigarette

Petite collection Mols

**du même auteur:**
Science, non-science et fausse science.
Préface de Christian de Duve (Prix Nobel)
L'Harmattan, Paris, 1998.

© **Éditions Mols** 2004
13 rue de Genval B -1301 Bierges
Tél.: +32 10 86 28 00
Courriel: mols@skynet.be

“Sois fier de dire non.”

## Etre informé avant de choisir son mode de vie

Chacun d'entre nous n'a qu'une vie, dont la durée mais aussi la qualité peuvent varier considérablement en fonction de certains choix. Dans le cas de la cigarette, ce choix doit nécessairement se faire au moment de l'adolescence, de préférence dès l'âge de 11 à 12 ans, car dans la suite le fumeur est de plus en plus dépendant de sa drogue, comme le sont tous les toxicomanes, et n'a plus la même liberté de choix.
Le but de ce livre est de t'aider à faire ton choix en toute connaissance de cause.

# 1 Les principales substances présentes dans la fumée de cigarette et leurs effets sur la qualité et la durée de la vie

## a La nicotine

La nicotine est une substance incolore et inodore qui jaunit et dégage une odeur de tabac quand elle est exposée à l'air. Présente dans la fumée de cigarette, elle passe rapidement dans le sang et atteint le cerveau en quelques secondes. Sa concentration reste élevée pendant plusieurs heures après que la cigarette a été consumée. Elle exerce sur le cerveau diverses actions agréablement ressenties, telles une amélioration de l'attention et de la mémoire, une diminution de l'agressivité et aussi une diminution de l'appétit, laquelle est responsable du fait que le poids des fumeurs est en moyenne inférieur de quelques kilos à celui des non-fumeurs.

Son principal inconvénient est qu'elle provoque de l'accoutumance en ce sens que, au cours des mois ou même des années qui suivent la première cigarette, le cerveau s'habitue progressivement à sa présence et manifeste de l'angoisse dès que sa concentration diminue, angoisse que seul un nouvel apport de nicotine peut calmer.

Cet effet est à l'origine de la dépendance et son intérêt commercial est donc évident. Les fabriquants de cigarettes ont réussi à le renforcer par l'addition de différentes substances, par exemple de l'ammoniaque, qui soit accélèrent le passage de la nicotine dans le sang, soit ren-

forcent son action sur le cerveau. C'est ce qui fait qu'un grand fumeur allume sa première cigarette quelques minutes après son réveil et fume ensuite plus d'une cigarette par demi-heure.

## b Le monoxyde de carbone

Le monoxyde de carbone (CO) est un gaz inodore et incolore, produit au cours de la combustion incomplète de toute substance contenant du carbone. C'est lui qui est responsable des nombreux décès causés par les poêles qui tirent mal et par les chauffe-eau à gaz fonctionnant dans une salle de bain insuffisament aérée. Il est deux fois plus abondant dans la fumée de cigarette que dans les gaz d'échappement d'une voiture. C'est un poison violent qui se fixe sur l'hémo-

globine, pour laquelle il a 200 fois plus d'affinité que l'oxygène, dont il prend ainsi la place dans les globules rouges et s'y maintient pendant de nombreuses heures après la consommation d'une seule cigarette.

Rappelons que la fonction de l'hémoglobine est de transporter l'oxygène des poumons vers les autres tissus, principalement le coeur et les muscles. L'importance de cette fonction dans l'exercice du sport est bien illustrée par le scandale du *Tour de France* 1998, au cours duquel il apparut que nombre de coureurs se dopaient avec de l'érythropoiétine (EPO), une hormone qui augmente le nombre de globules rouges

dans le sang et donc l'apport d'oxygène aux tissus. La remarquable efficacité de ce dopage souligne à quel point l'apport d'oxygène est important pour nos performances sportives.

C'est bien parce que les effets du tabagisme sont l'opposé de ceux de l'EPO qu'aucun sportif professionnel ne songerait encore à fumer une cigarette car un fumeur même léger ne sera jamais un sportif de haut niveau, au point qu'un fumeur âgé de 20 ans sera battu à la course par un non-fumeur de 40 ans.

Personne non plus n'aimerait respirer les gaz d'échappement de sa voiture.

## c Plus de 4000 substances, parmi lesquelles des goudrons et autres puissants cancérigènes

Alors que les effets les plus évidents de la nicotine et du monoxyde de carbone sont immédiats, ceux de beaucoup d'autres substances, souvent mal identifiées, ne se manifestent qu'après de nombreux mois ou même de très nombreuses années.
A moyen terme, surviennent les complications au niveau des voies respiratoires : bronchite chronique, dilatation des alvéoles pulmonaires, raucité de la voix, perte du goût et de l'odorat. Puis les complications cardio-vasculaires : artérite oblitérante, infarctus du myocarde, hémorragie

cérébrale, etc.

A long ou très long terme (20 à 40 ans de délai), surviennent les cancers, dont les plus connus, dus au tabagisme, sont ceux du poumon, du larynx et de la vessie. Inutile de dire qu'il s'agit là d'affections extrêmement graves et très pénibles, presque toujours mortelles.

L'ensemble de cette pathologie est responsable du fait que le nombre de décès évitables que l'on attribue à la cigarette dépasse le total combiné de ceux dus au suicide, au sida et aux accidents de la route.

# 2 Problèmes spécifiques aux filles

Au cours de leur lutte victorieuse pour l'égalité des droits, les femmes ont malheureusement acquis certaines mauvaises habitudes masculines, dont le tabagisme et, avec lui, une fréquence accrue de toute une série de maladies, telles que bronchite chronique, cancers du poumon, du larynx et de la vessie et diverses affections cardio-vasculaires. Il est impressionnant, en effet, qu'aux Etats-Unis les décès par cancer du poumon sont devenus, chez la femme, plus fréquents que ceux dus au cancer du sein. En diminuant les défenses immunitaires, le tabac facilite aussi le développement du virus responsable du cancer du col de l'utérus.

Mais l'essentiel se situe au moment de la grossesse, car le tabagisme de la femme enceinte augmente le risque de prématurité, de mortalité foetale et de bébé naissant avec une taille et un poids inférieurs à la moyenne, toutes choses qui n'ont rien d'étonnant quand on connaît le nombre de substances toxiques présentes dans la fumée de cigarette. On accuse aussi le tabagisme de la mère d'augmenter de plus de quatre fois le risque de mort subite du nouveau-né.

Il semble donc évident que toute fumeuse enceinte désirera renoncer à la cigarette afin de protéger son enfant, mais l'expérience montre que toutes n'y parviennent pas, cet effort étant devenu très difficile à celles qui fumaient deux paquets par jour, d'autant plus que l'usage de

la nicorette ou autres préparations analogues (voir page 45) peut être contre-indiqué pendant la grossesse. Il est donc important d'avertir les adolescentes qui sont fumeuses des difficultés qu'elles se préparent si elles souhaitent avoir un enfant. Signalons aussi un accroissement des troubles cardio-vasculaires graves chez celles qui prennent la pilule.

Des problèmes beaucoup plus mineurs de la féminité sont d'ordre esthétique : vieillissement de la peau, teint grisâtre, dents jaunes, ongles et doigts bruns, voix rauque, situation encore aggravée par une mauvaise haleine et une mauvaise odeur des cheveux et des vêtements.

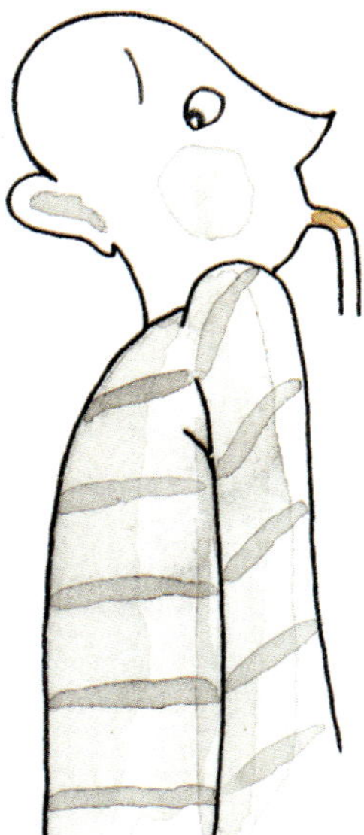

# 3 Un problème pour les garçons : l'impuissance sexuelle

On estime que, d'une façon générale, un homme sur dix entre 40 et 75 ans est impuissant pour des problèmes de circulation artérielle dans lesquels le tabagisme est en grande partie responsable, l'affection étant deux fois plus fréquente chez les fumeurs que chez les non-fumeurs. C'est au point que, en Thaïlande, une des dix mises en garde affichées alternativement de façon très lisible sur tous les paquets de cigarettes, y compris ceux d'origine étrangère, doit obligatoirement spécifier que le tabac nuit à l'activité sexuelle masculine. La cigarette est donc bien le contraire d'un symbole de virilité, sur laquelle elle jette au contraire un doute qui ne devrait pas te plaire.

## 4 Pourquoi fumer quand on a 15 ans ?

Puisque les enfants ne fument pas, on croit entrer dans la catégorie des grands en allumant sa première cigarette. Il s'agit donc bien de souligner qu'on est passé de l'enfance à l'adolescence, ce qui est aussi le passage à une plus grande liberté vis-à-vis des parents et à une affirmation de sa propre personnalité.

Beaucoup cependant n'apprécient pas le goût âcre de la fumée et y renoncent rapidement. Ceux qui persévèrent fument aussi pour se donner une contenance, surtout s'ils sont mal dans leur peau, suite par exemple à un échec scolaire ou à des problèmes familiaux. Désires-tu vraiment afficher ton mal de vivre ?

On fume aussi parce qu'on est trop jeune pour résister à la pression de quelques copains mal informés qui n'ont pas encore pris conscience de l'aspect humiliant de la dépendance. La vraie question à te poser à 15 ans est la suivante : *est-ce que je souhaite vraiment devenir un drogué, avec tous les inconvénients que cela comporte, et cela pour le reste de ma vie ?* Car si l'on n'est pas encore fumeur à 20 ans, on a grande chance de ne jamais le devenir.

Embrasser un fumeur quand on est non-fumeur,
c'est comme embrasser un vieux cendrier.

# 5 Pourquoi les adultes n'arrêtent-ils pas de fumer ?

La plupart des adultes qui fument ont acquis cette habitude quand ils étaient adolescents. Ils voudraient arrêter mais n'en sont plus capables. Un tiers d'entre eux seulement y réussissent au prix de grands efforts (voir page 45). Ils savent que leur dépendance vis-à-vis de la nicotine est comparable à celle des autres toxicomanes et aucun d'entre eux n'est fier de cette situation.

Etre fumeur représente en effet beaucoup plus que consommer un certain nombre de cigarettes par jour et beaucoup plus aussi que subir la menace de cancer du poumon ou d'infarctus du myocarde.

Etre fumeur, c'est adopter tout un style de vie très différent de celui des non-fumeurs, un style de vie dans lequel la cigarette s'intègre à tout ce que l'on fait ou projette de faire. La préoccupation majeure de celui qui consomme deux paquets de cigarettes par jour est de savoir où et quand il pourra fumer, particulièrement si son programme prévoit des occupations au cours desquelles fumer n'est pas permis, tels un cours, une séance de cinéma, une cérémonie officielle, etc.

C'est bien le cas de certains enseignants de ton école qui se précipitent dans le local des professeurs sitôt après leur cours pour allumer une cigarette, et ceci aux dépens de toute autre activité.

C'est aussi le cas des employés qui partagent un local avec des collègues non-fumeurs et qui, se trouvant en état de besoin, doivent périodiquement se retirer pour fumer une cigarette.

Cette mise à l'écart des fumeurs se justifie du fait que,

contrairement aux autres drogues, la fumée de cigarette affecte l'entourage. Ce *tabagisme passif* peut notamment poser de sérieux problèmes respiratoires aux enfants dont les parents sont fumeurs et augmente aussi la fréquence du cancer du poumon et des affections cardio-vasculaires chez les adultes non-fumeurs qui ont inhalé la fumée provenant de leur entourage.

Les mecs, il est temps de changer
vos techniques de drague !

# 6 Le regard des autres

Jusque vers la fin des années quatre-vingt, fumer la cigarette était plutôt bien considéré et ne nuisait pas à l'image du fumeur. Quand on recevait des amis chez soi, il était habituel de mettre à leur disposition des paquets de cigarettes de plusieurs marques, ouverts en signe d'hospitalité, et un cendrier.

C'est ainsi aussi que la couverture d'un livre* paru en 1987 sur Jacques Chirac, alors Premier Ministre et plus tard Président de la République Française, montrait celui-ci avec une cigarette aux lèvres. Il était aussi très habituel que, au cours de débats télévisés, les intervenants fument sans retenue, au point que l'écran était parfois masqué par un nuage de fumée.

* F-O Giesbert : Jacques Chirac, le seuil 1987

La situation a aujourd'hui beaucoup changé. Offrir une cigarette à ses invités n'est plus d'usage, car d'une part cela pourrait presque être considéré comme une incitation au tabagisme et, d'autre part, si un seul d'entre eux se mettait à fumer, il pourrait grandement incommoder les autres membres de l'assemblée et devrait en tout cas s'excuser de la pollution qu'il occasionne ou même se retirer à l'extérieur ou dans un autre local jusqu'à ce qu'il ait terminé de fumer sa cigarette.

Il est de même probable que Jacques Chirac, ni aucun autre politicien, ne se montrerait plus en train de fumer, car une telle image serait considérée comme négative, puisqu'elle indiquerait un manque de contrôle de soi et du sens des responsabilités. Il est aussi devenu exceptionnel de voir fumer au cours d'un débat télévisé et c'est dès 1983 que Lucky Luke a remplacé sa célèbre cigarette par une brindille d'herbe. Tout se passe comme si le tabagisme était devenu une maladie honteuse, dont il est malheureusement très difficile de guérir, au point que ceux qui en sont atteints, loin de s'en glorifier, demandent avec insistance notre tolérance.

Ce changement radical d'attitude vis-à-vis du statut social de la cigarette s'explique par deux phénomènes :

1 Ce n'est qu'à partir des années cinquante qu'il a été progressivement reconnu que neuf cancers du poumon sur dix sont dus à la cigarette et que celle-ci, en augmentant en outre la fréquence et la gravité de bien d'autres maladies, rédui-

sait notablement l'espérance de vie.

2 On a eu ensuite la très grande surprise de constater que, malgré l'énorme risque encouru, la plupart des fumeurs étaient incapables de renoncer au tabac parce qu'ils étaient devenus dépendants de la nicotine. Comme expliqué plus haut, cette dépendance est en elle-même un mal aussi grave que les multiples maladies dont elle est responsable, car elle interfère sans cesse dans la vie du fumeur, compromettant, de façon humiliante et aux yeux de tous, sa liberté d'action.

Le renversement des mentalités a été le plus rapide dans les classes sociales les mieux informées (par exemple les politiciens) et, d'une façon générale, les plus instruites, ce qui explique que le tabagisme est aussi devenu pour beaucoup la marque d'un retard socio-culturel, affectant ceux qui sont le moins bien armés pour se défendre.

Les adolescents qui fument font partie de ce groupe et ne sont donc pas conscients des problèmes qu'ils rencontreront dans quelques années quand, étant devenus dépendants de la nicotine, ils ressentiront l'intense désir de se libérer de cette servitude.

# 7 Un handicap pour l'emploi

Un employeur a plusieurs raisons pour ne pas engager un fumeur.

**La première** est un taux plus élevé d'absentéisme pour cause de maladie et une moins bonne forme physique dans les métiers où celle-ci est importante, comme c'est par exemple le cas pour les gendarmes, les pompiers et, bien sûr, pour les professionnels du sport.

**La deuxième** est le comportement des fumeurs qui, à cause de leur dépendance, doivent, pour ne pas incommoder leurs compagnons de travail, se retirer toutes les quarante minutes pour aller fumer une cigarette.

Fumer en public présente en effet le double inconvénient d'intoxiquer l'entourage (page 27) et de constituer, par l'exemple donné, une publicité indirecte pour le tabac*.

Il est probable aussi que le jour viendra où, pour ces deux raisons, on n'engagera plus de fumeur pour aucune fonction en contact avec le public, particulièrement dans l'enseignement. Il sera aussi de plus en plus mal accepté qu'un médecin ou d'autres professionnels de la santé soient fumeurs.

**Un troisième** facteur est un entretien plus coûteux des locaux et le risque d'incendie.

* Pour ces mêmes motifs, la plupart des enfants dont les deux parents sont fumeurs le deviennent également tout en subissant entre-temps une agression physique contre laquelle ils sont sans défense.

# 8 Combien ça coûte ?

A 15 ans, pas grand chose, tant que tu t'en tiens à quelques cigarettes par jour, et puis ce n'est peut-être que l'argent des parents, que tu n'as pas gagné toi-même. Cette dépense ne grève donc pas ton budget.

Plus tard, si tu fumes deux paquets par jour, cela pourra dépasser les 2.500 euros par an et peut-être beaucoup plus, pour peu que le prix des cigarettes augmente, comme cela ne cesse de se produire. Tu auras alors bien d'autres façons de dépenser une telle somme, particulièrement si, comme on te le souhaite, tu as à ce moment la responsabilité de ta propre famille.

Le tabac intéresse aussi les finances publiques, car la plus grande partie de ce que tu paies pour un paquet de cigarettes rentre

OUAIS MAIS BON :
MOI MON GRAND-PÈRE,
IL FUME 3 PAQUETS PAR JOU
DEPUIS QU'IL A 15 ANS,
ET IL A 103 ANS.

dans les caisses de l'Etat, qui en a bien besoin pour couvrir les frais médicaux engendrés par le tabagisme. Cependant, si tous les fumeurs cessaient de fumer, le coût de leurs pensions, lié à l'allongement de l'espérance de vie, poserait un sérieux problème au ministre des finances.

Es-tu prêt à accepter une mort précoce pour lui éviter ce souci ?

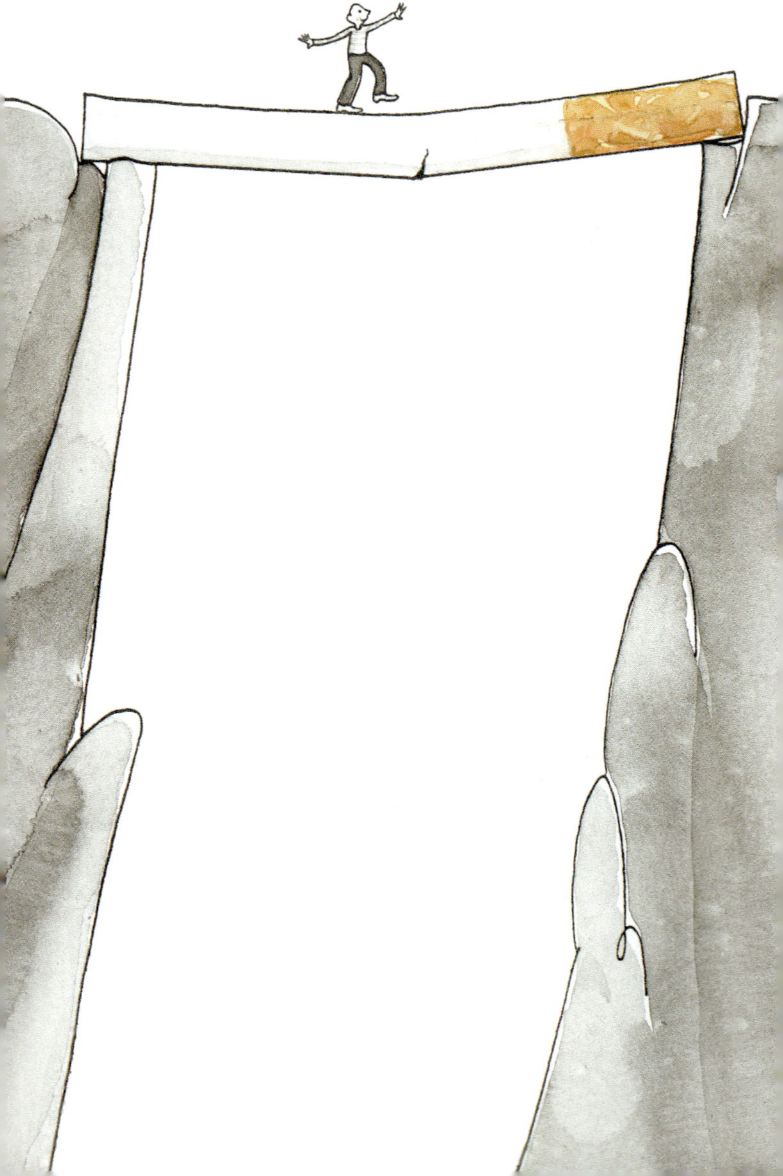

## 9 Quel risque es-tu prêt à prendre ?

D'après ce qui a été dit plus haut, il est évident que le tabagisme a des effets négatifs sur la santé, dont certains sont immédiats, auxquels on ne peut échapper (ceux du CO et de la nicotine), tandis que d'autres surviennent beaucoup plus tard. Nous connaissons tous des fumeurs qui ont vécu jusqu'à un âge avancé et qui ne sont morts ni d'un cancer ni d'une maladie vasculaire attribuables au tabac. Les experts estiment cependant que, en moyenne, le tabagisme diminue d'une dizaine d'années l'espérance de vie et multiplie par deux la probabilité de mourir avant 65 ans.

Le risque encouru par chaque fumeur d'attraper une des maladies vraiment très pénibles dues au tabac est difficile à estimer, mais mérite d'être pris en considération. Supposons, à titre d'exercice et en étant excessivement optimiste, que ce risque ne soit que de 1 sur 10 (il est en fait plus proche de 1 sur 2). A quarante ou cinquante ans de distance, quand on n'a que 15 ans, cela peut paraître négligeable, d'autant plus que, au moment où on a pris la décision de sortir de l'enfance et d'accéder à la liberté, prendre un risque, même très grave, semble avoir pour certains l'attrait d'un jeu.

Demande-toi pourtant si tu accepterais de monter dans un avion dont on te dit qu'il a 1 chance comprise entre 1 sur 2 et 1 sur 10 de s'écraser.

Il est par ailleurs certain que l'ensemble des risques pris par un fumeur, même modéré, est

infiniment plus grand que ceux encourus par la population belge lors de la crise de la dioxine, qui a cependant causé une grande émotion dans le pays. Les dégâts dus au tabac sont aussi incomparablement supérieurs à tout ce que l'on pourrait attribuer à la viande aux hormones, aux plantes transgéniques ou à la maladie de la vache folle*, au point qu'on pourrait parler de suicide inconsciemment programmé.

Les cigarettes *légères* sont toutefois aussi nocives que les autres, car les fumeurs compensent leur pauvreté en nicotine par une inhalation plus profonde.

* On estime qu'en Grande-Bretagne, pays de très loin le plus affecté par cette maladie, la mortalité dont elle est responsable est environ cinq mille fois inférieure à celle attribuable au tabagisme. Et pourtant, les Britanniques continuent de fumer tout en évitant de manger de la viande de boeuf.

# 10 Comment arrêter de fumer quand on est dépendant ?

Quelques fumeurs parviennent à s'arrêter du jour au lendemain par leur simple volonté. Ce succès se complique souvent d'un gain de quelques kilos, inconvénient que l'on peut éviter en renonçant momentanément aux pâtisseries et autres friandises et surtout aux boissons sucrées, qui sont responsables de l'obésité de bien des adolescents.

Pour les autres, ceux qui sont déjà dépendants (essentiellement les adultes), le plus efficace est de  remplacer la cigarette, lorsque le besoin s'en fait sentir, par une prise de nicotine (vendue sous le nom de nicorette, nicotinell et niquitin) sous forme de gommes à mâcher, de comprimés à sucer ou de patchs, à doses décroissantes, de quoi satisfaire leur dépen-

dance et finalement s'en défaire. Calmé par la nicotine tout en évitant l'action toxique du CO et des goudrons, le fumeur peut concentrer ses efforts sur d'autres facteurs et problèmes qui interviennent dans sa dépendance au tabac, comme par exemple l'habitude, les facteurs psychologiques, l'environnement social et professionnel, une gourmandise compensatoire lors de l'arrêt.

Les gommes et les comprimés contiennent 2 ou 4 (pour les cas graves) mg de nicotine. Il est recommandé de les mâcher très lentement quand l'envie d'une cigarette se fait sentir, et de façon discontinue, tout comme quand on fume. La nicotine est en effet absorbée par la paroi buccale et est détruite dans l'estomac. Dans la plupart des cas, 8 à 12 prises par jour suffisent, indépendamment de la concentration choisie. Après une période de 2 à 3 mois, on en réduit progressivement le nombre. Il est conseillé de ne pas poursuivre le traitement plus de six mois.

Les patchs permettent une résorption transcutanée relativement lente de la nicotine (concentration maximum à 5 heures), mais leur action perdure pendant environ 16 heures. Ils sont fournis à trois concentrations différentes de nicotine. On applique chaque matin, sur une zone de peau sèche et sans poils, un tampon chargé de nicotine à la dose la plus élevée, que l'on retire le soir avant de se coucher. Après 3 mois de ce traitement, on passe à une dose plus faible pendant 2 ou 3 semaines, puis encore plus faible, pour être finalement capable de

s'arrêter après 3 autres semaines.

Certaines cliniques ont ouvert une consultation de tabacologie susceptible d'apporter une aide tant psychologique que médicamenteuse importante aux fumeurs désireux d'arrêter de fumer. L'adresse de chacune d'entre elles peut être trouvée sur internet sous *consultations anti-tabac* suivi du nom de la ville où l'on réside.

Le succès ne dépasse guère les 30% chez les grands fumeurs, ce qui montre à nouveau à quel point il vaut mieux ne pas commencer ou, en tout cas, s'arrêter le plus tôt possible.

# 11 Les bienfaits liés à l'arrêt

Les bienfaits liés à l'arrêt du tabac sont importants. Voici en effet ce qui se passe après que l'on a fumé sa dernière cigarette :

- -En vingt minutes, la pression sanguine revient à la normale.
- -En huit heures, le niveau d'oxygénation du sang revient à la normale.
- -Après quarante-huit heures, il n'y a plus trace de nicotine dans le sang.
- -Après quelques semaines, la toux et les crachats diminuent et la circulation sanguine s'améliore.
- -Après un an, on note une diminution des risques cardio-vasculaires.
- -Après 15 ans, les risques de cancer du poumon s'approchent de ceux d'un non-fumeur.

Et, au cours de ce long combat, quelle joie aussi de retrouver progressivement le goût et l'odorat ainsi qu'une meilleure forme physique, un joli teint et surtout, notre bien le plus précieux, la liberté de nos choix dans notre vie de tous les jours.

Et, dès le premier jour aussi, que d'argent disponible pour bien d'autres plaisirs !

# 12 En guise de conclusion

Informé comme tu l'es maintenant, cherche en toute sérénité, mais aussi en toute franchise, la réponse aux deux questions suivantes :

1. Qu'est-ce qui te pousse à fumer : la recherche d'une sensation de bien-être, le fait que beaucoup de gens fument et qu il te paraît donc normal de fumer, la prise d'une contenance quand tu ne sais que faire de tes mains, le goût du risque?
2. Lequel, parmi les effets négatifs de la cigarette, redoutes-tu le plus : l'handicap sportif, l'handicap social lié à la dépendance, la mauvaise haleine, l'espérance de vie diminuée, le cancer du poumon ou celui du larynx, la contamination de ton entourage (enfants compris), les problèmes lors de la grossesse (pour les filles), l'impuissance (pour les garçons), le coût ?

Tes réponses à ces questions et tes réactions à ce livre intéressent grandement l'auteur; tu peux l'atteindre par email (hers@bchm.ucl.ac.be) ou par l'intermédiaire des éditions MOLS.

Mentionne aussi ton âge et le nombre de cigarettes que tu fumes par jour.

## Fondation Charles-Albert Frère a.s.b.l.

Rue de la Blanche Borne, 12
B – 6820 LOVERVAL
Tél. : +32 71 60 60 41

## Comptes de la Fondation :

En France : n° 40198 02501 000100255/84 clé RIB 91
En Belgique : auprès de la Fondation Roi Baudouin
n° 000-0000004-04 (communication : Fondation Charles-Albert Frère asbl – L 782309)
Tout don supérieur ou égal à 30€ donne droit, en Belgique, à une attestation fiscale.

## Fédération Belge contre le Cancer a.s.b.l.

Chaussée de Louvain, 479
B – 1030 BRUXELLES
Tél. : +32 2 736 99 99
www.cancer.be
courriel : commu@cancer.be

## Compte de la Fédération :

En Belgique : n° 000-0000089-89
Tout don supérieur ou égal à 30€ donne droit, en Belgique, à une attestation fiscale.

Table des matières :

Mise en page et graphisme :
*Tâches de Vaches*

Imprimé en Singapour

ISBN 2-87402-048-6
Dépot égal 2004/8023/1